WUNDER

MEINER

VORSTELLUNGSKRAFT

Wundertütenpoet

VON

TINA HÜSCH

DIE MÖGLICHKEITEN
VON IMAGINATION UND POESIE

Bibliografische Information der Deutschen Nationalbibliothek: Die Deutsche Nationalbibliothek verzeichnet diese Publikation in der Deutschen Nationalbibliografie; detaillierte bibliografische Daten sind im Internet über dnb.dnb.de abrufbar.

ISBN: 9783752685237

Herstellung und Verlag: BoD – Books on Demand, Norderstedt

ABOUT ME

Ich liebe es, wenn der Himmel voller Sterne leuchtet und der Mond über allem wacht.
Nie würde ich es zulassen, dass meine Vorstellungskraft aufgibt, an das Schöne im Leben zu glauben, und meine Seele freut sich diebisch, wenn meine Willenskraft sie dabei unterstützt.
Der Frühling beseelt mein ganzes Sein und ist meine Lieblingsjahreszeit, in der alle schlafenden Ideen erwachen und mir neue Kreativität schenken.

Wenn ich einen Wunsch frei hätte, dann würde ich mir wünschen, dass kein Tier mehr leiden muss und wir alle friedlich zusammenleben.

Irgendwo wird immer getanzt, und ich würde mich freuen, wenn die Musik in unserer aller Leben Einzug hält.
Ich wünsche Dir viel Spaß dabei, wenn Du entdeckst, dass die Kraft Deiner eigenen Energie Berge versetzen kann.

TINA

FÜR

MEINER GEDANKEN

VORSTELLUNGSKRAFT ...

Für alle,

die wissen,

dass die Energie unserer Vorstellungskraft

alles Schöne erschafft.

Für Dich,

weil Du weißt,

dass die Vorstellungskraft immer

über die Willenskraft siegt!

INHALT

Einblick, Einsicht, Erkenntnis ... .14

Erster Streich ... .23

Meine Mitte 25

Meine Zeit 26

Keine Engel 27

Zukunftsmöglichkeiten 28

Neue Wunder 29

Schönheit des Lebens 30

Tanzen 32

Freude des Moments 33

Brausepulver 34

Das bin ich mir wert 35

Leben ohne Grenzen 36

Buntstifte 37

Erkenntnisse des ersten Streichs ... .38

Zweiter Streich ... .41

Zuversicht im Herzen 42

Vogel im Wind 43

Reparatur der Mitte 44

Klarsehen 45

Versehensflirt 46

Lebensgeschichte 49

Auf das Leben ist Verlass 50

Feingefühl 51

Original 52

Ganz oben auf der Leiter 53

Aus dem Leben raus 54

Ein Kunterbunt ist nie schwarz-weiß 55

Erkenntnisse des zweiten Streichs 56

Dritter Streich 59

Vom Glück verfolgt 60

Wende 62

Spaßbremsen 63

Freude im Leben 64

Der anderen Unsinn 65

Einhorn am Horizont 66

Alles, was zu dir gehört 67

Rausch 68

Seiltanz 69

Luftschlangen 70

Für die Phantasie ist´s nie zu spät 71

Verliebt in das Leben 73

Erkenntnisse des dritten Streichs 74

Vierter Streich 77

In kurzer Zeit 78

Selbstrettung 80

Leichtigkeit des Glücks 81

Des Lebens kleine Wunder 82

Hauptgewinn 83

Daseinsfreude 85

Voll dabei 86

Für alles, was mir wichtig ist 87

Haus mit Meerblick 88

Sternschnuppen 89

Sieg der Vorstellungskraft 90

Erkenntnisse des vierten Streichs 92

Schlusshoffnung 94

EINBLICK, EINSICHT, ERKENNTNIS ...

Das, was die wahren Wunder in unserem Leben erschafft, ist unsere Vorstellungskraft.

Denn der Magie unserer Gedanken verdanken wir unseren Lebenssinn.

Alles, was wir uns wirklich vorstellen können, können wir auch erreichen.

Wenn wir zielgerichtet im Leben darauf hinarbeiten.

Als Idee in unserem Kopf beginnt alles. Egal um welches Projekt es sich handelt, am Anfang war da nur ein Gedanke in unserem Kopf, der es dank unserer Vorstellungskraft ins Leben geschafft hat.

Immer dort, wo wir unsere Aufmerksamkeit hinlenken, wird auch unsere Energie hingehen.

Und hier liegt auch schon das erste Geheimnis unserer Vorstellungskraft verborgen.

Denn immer da, wo wir mit der Kraft unserer Vorstellung sind, sind wir auch mit unserer Energie, und da Energie eine magnetische Schwingung ist, wird sie immer ihresgleichen anziehen, im Positiven so wie auch im Negativen.

Für das Leben ist es wichtig, klare Gedanken und Vorstellungen zu haben, denn je klarer und genauer unsere Vorstellungen sind, desto eher gelingt es ihnen, zur Realität zu werden.

Nimm Dir Zeit für Deine Wünsche und Ziele, träume und male sie Dir in Deiner Vorstellung genau aus, denn nur wenn man genau weiß, was man erreichen möchte, wird man es auch schaffen.

Eins ist jedoch wichtig zu beachten:

Im Leben reicht nur der pure Wille nicht aus. Um was zu erreichen, muss man es sich auch vorstellen können.

Am Ende wird die Vorstellungskraft immer stärker als die Willenskraft sein. Unsere Vorstellungskraft, gepaart mit einem festen Glauben, vermag es, Berge zu versetzen.

Hör in Dich rein und vernimm die Stimme Deiner Seele:

Was sind Deine wirklichen Ziele und wo sind Deine Wünsche?

Die meisten Menschen können, wenn man sie nach ihren Wünschen und Zukunftsplänen fragt, keine konkreten Antworten geben, sondern erzählen nur Dinge, die sie nicht mögen. Anstatt sich darauf zu konzentrieren, wo die eigenen Wunschvorstellungen liegen.

Wenn wir im Leben nur über unsere Willenskraft agieren, macht uns das viel Mühe und wir werden schnell müde und können unsere Ziele nicht erreichen. Agieren wir aber über unsere Vorstellungskraft, passen wir uns automatisch immer an die Gegebenheiten an und bleiben flexibel. Diese Eigenschaft versorgt uns mit Spontanität und mit deren Hilfe können wir auf alle Situationen entsprechend reagieren.

Ein jeder Gedanke hat die Tendenz, sich zu verwirklichen, man muss nur mit Gedankendisziplin bei der Sache bleiben. Beharrlichkeit ist ein weiteres Zauberwort der Formel, die es anzuwenden gilt.

Mit Vorstellungskraft, Glauben und Beharrlichkeit wurde so manches Wunder erschaffen.

Wichtig ist es, seinen Zielvorstellungen treu zu bleiben und die eventuellen Stolpersteine, die noch in der Gegenwart sind, emotional nicht zu bewerten, sondern sich weiterhin mit der Kraft der eigenen Vorstellung in dem zu erreichenden Ziel zu befinden und sich mit positiven Gefühlen auszufüllen.

Bleibe ich so beharrlich bei mir und meinen Wünschen, werde ich zum Meister meiner Gedanken und helfe ihnen, in meiner Zukunft Realität zu werden.

Wir denken oft viel zu wenig an das Positive, das wir erreichen wollen, sondern wir vergeuden viel mehr unsere Zeit darauf, negativen Gedanken nachzuhängen, und geben so unserem Leben einen negativen Geschmack und der Negativität die Gelegenheit, in unser Sein Einzug zu halten.

Nutze die Macht Deiner Vorstellungskraft und visualisiere immer wieder Deine Ziele, lass Dich hierbei von niemandem beeinflussen, denn die Grenzen der anderen werden deren Gefängnis bleiben, Du und Deine Gedanken sind frei.

Es gibt für Dich keine Grenzen außer den Grenzen, die Du Dir selbst setzt.

Sei für alles offen, aber mach nicht alles zu Deinem Problem.

Deine Vorstellungskraft wird immer Deine Wirklichkeit erschaffen, ob Du glaubst, Du schaffst etwas oder Du schaffst etwas nicht, es ist egal, am Ende wird es nach Deinem Glauben geschehen.

Somit ist unsere Vorstellungskraft das Wundermittel, mit dem man im Leben alles schaffen kann.

Lass niemals zu, dass jemand Dich Deiner Vorstellungskraft beraubt, sie ist Deine Lebensmagie, mit der Du alles vollbringst.

Erkenne das Wunderkind in Dir und hilf ihm, das unbegrenzte Potential, was sich Leben nennt, zu nutzen und die eigenen Wünsche Wirklichkeit werden zu lassen.

Eine immerwährende Vorstellung und ein unerschütterlicher Glaube werden mit Beharrlichkeit Deine Zukunftsziele verwirklichen.

Der Fokus liegt auf unserer Aufmerksamkeit, denn dort, wo wir mit unseren Gedanken sind, dort wird auch unser zukünftiges Leben stattfinden.

Deshalb beobachte genau Deine Gedanken und halte sie rein von allen schädlichen Einflüssen, damit diese keine Macht über Dein Leben erhalten können.

Programmiere Dich selbst auf Erfolg, dann wird dieser nicht ausbleiben. Nichts ist unmöglich!

Sei keine Denkkopie von einem anderen Menschen, sondern erwecke Deinen eigenen Lebensmeister und erdenke Dir Dein Sein.

Wir alle nutzen nur einen geringen Teil unseres eigenen Potentials, ohne überhaupt zu wissen, was da noch alles in uns verborgen liegt.

Genau jetzt ist die Zeit, an Dich zu glauben und Deine Wünsche Wirklichkeit werden zu lassen.

Sei immer offen für das Unmögliche, doch habe genug Logik im Gedankengut, um die Grenzen zu kennen, die Dir die Welt mit ihren vorgeschriebenen Gesetzen gibt.

Hör dabei immer auf Dein Herz, es wird Dir helfen, das Mögliche vom Unmöglichen zu unterscheiden.

Lege des Öfteren in einer ruhigen Minute Deine Hand auf Dein Herz und spüre es.

Nimm Dir die Zeit und hör in Dich hinein, sieh Dein Herz als Deinen Verbündeten und sage halblaut zu ihm:

Mit Deiner Hilfe werde ich die richtigen Entscheidungen treffen und meine Ziele erreichen. Ich erkenne mein Potential und glaube an mich, da ich es mir vorstellen kann.

Eine große Vorstellungskraft ist eine nie versiegende Quelle der Phantasie und Kreativität. Wir alle müssen lernen, diese Quelle unseres eigenen Gedankenguts zu finden und zu aktivieren, so werden wir den Schlüssel für die Erreichung unserer Lebensziele in den Händen halten.

Meist ist diese Quelle von unserer anerzogenen Vernunft verdeckt, die sich durch Erziehung in unser Leben geschlichen hat.

Es ist gut, die grundlegenden Regeln der Vernunft zu kennen, es ist jedoch schlecht, sich von der Vernunft die Möglichkeiten des Lebens nehmen zu lassen.

Deshalb bau Deine Zukunftsträume auf ein vernünftiges Fundament, doch der Baumeister ist Deine **Vorstellungskraft,** die alle Wunder erschafft.

V – ergissmeinnicht
O – ptimismus
R – egenbogen
S – eele
T – apetenwechsel
E – nergie
L – iebe
L – achen
U – nendlichkeit
N – eugier
G – lück
S – anftmut
K – raft
R – eichtum
A – lleskönner
F – eingeist
T – raum

Wenn das **Vergissmeinnicht** des Lebens mit **Optimismus** einen **Regenbogen** der **Seele** schenkt, kann sie den **Tapetenwechsel** des Seins mit **Energie** einleiten und die **Liebe** und das **Lachen** an die erste Stelle setzen.

So wird die **Unendlichkeit** mit **Neugier, Glück** und **Sanftmut** die Kraft besitzen, den **Reichtum** der Glückseligkeit ins Hier und Jetzt zu ziehen.

So ist die Vorstellungskraft der **Alleskönner,** der mit **Feingeist** jeden **Traum** erfüllen kann.

Lass Dich von dem Wunder der Vorstellungskraft in Besitz nehmen und gestalte mit seiner Hilfe Dein Leben neu. Denn sei Dir gewiss, aller Zauber liegt nur in Dir.

WUNDER DER VORSTELLUNGSKRAFT

Die Vorstellungskraft lebt tief in uns drin
und gibt dem Leben seinen Sinn.
Mit ihrer Macht man alles schafft.
So werden ganz viele Wunder vollbracht.
Glaub an die Energie deiner Phantasie,
sie steht über der Kraft deines Willens
und wird alle Wünsche stillen.
Das Leben leuchtet aus unseren Gedanken raus
und mit Positivität schaltest du alles Negative aus.
Glaube an das, was dich fröhlich macht,
damit das Leben mit dir lacht.
So ist die Vorstellungskraft
immer stärker als die Willenskraft
und erschafft dir ein Leben ohne Schranken.
Spüre deine eigene Zaubermagie,
denn mit ihr werden alle deine Wünsche
Wirklichkeit werden
hier auf Erden.

Sei Dir selbst bewusst, immer dann, wenn es einen Konflikt zwischen Deiner Vorstellungskraft und Deiner Willenskraft gibt, wird die Vorstellungskraft ausnahmslos gewinnen. Darum glaube an Dich!

Stell Dir das Leben in bunten Bildern immer so vor, wie Du es gerne hättest, und genieße die damit verbundenen positiven Gefühle, dann werden Deine Vorstellungen zur Realität werden.

LASS DICH LEITEN VON DEINEM POSITIVEN GEFÜHL, DANN WIRD DIR IM LEBEN NICHTS ZU VIEL.

ERSTER STREICH ...

Es ist **Meine Mitte** und es ist **Meine Zeit,** wir sind zwar alle **Keine Engel,** doch die **Zukunftsmöglichkeiten** liegen uns zu Füßen.

So können wir immer wieder **Neue Wunder** und die **Schönheit des Lebens** erkennen.

Ich will **Tanzen** und die **Freude des Moments** mit **Brausepulver** im Blut genießen, denn **Das bin ich mir wert.**

Ein **Leben ohne Grenzen** werde ich mir zeichnen, dafür habe ich immer genügend **Buntstifte** parat.

MEINE MITTE

Wenn du nichts mehr von mir hörst,
geht´s mir gut,
dann hab ich wieder genug Mut
und ein wenig Wut.
So werde ich meinen Weg jetzt gehen,
den Sinn des Lebens neu verstehen,
mich in meiner Mitte finden
und das Glück des Lebens an mich binden.

MEINE ZEIT

Ein bisschen leer,
doch ganz viel ist jetzt möglich,
denn alles war nicht tödlich.
So lieb ich meine neue Leichtigkeit,
denn jetzt kommt sie, meine schönste Zeit.
Endlich bin ich von allem Negativen befreit
und für den Frohsinn des Lebens bereit.

KEINE ENGEL

Wir sind alle keine Engel,
haben keine Flügel,
doch ich hab die Zügel fest in meiner Hand,
nur leider hat das nicht jeder für sich erkannt.
Wir können selbst unsere Richtung wählen,
um die schönsten Geschichten zu erzählen.
So lasst uns vorangehen,
den Blick in die richtige Richtung wenden
und unsere Ziele mit einem Lachen vollenden.

ZUKUNFTSMÖGLICHKEITEN

Das Alte liegt hinter mir,
für die Zukunft ist noch alles offen,
das lässt mich was Schönes erhoffen.
Werf keinen bösen Blick zurück,
bin von meinen Zukunftsmöglichkeiten verzückt
und mein Herz spielt nicht mehr verrückt.

28

NEUE WUNDER

Wenn alle Geister das Stübchen verlassen
und Träume verblassen,
muss man nach neuen Wundern suchen
und die Freude herbeirufen.
Denn das Stübchen ist ganz leer
und das stört die Verrücktheit sehr.

SCHÖNHEIT DES LEBENS

Ich muss nicht durchdrehen,
ich muss mich nur selbst verstehen,
meiner Seele Treue schenken,
meine eigenen Wunder lenken
und die Schönheit meines Lebens erdenken.

31

TANZEN

Ich will lieber tanzen gehen,
doch ihr wollt an der Theke stehen,
könnt ihr mein Problem verstehen?
Ich will die Bewegung, brauch den Bass,
damit ich nix verpass.
Bleibt ihr ruhig noch ein bisschen stehen,
das Leben wird auch so vergehen.
Ihr wollt euch das nicht eingestehen?
So könnt ihr mir doch beim Tanzen zusehen.

FREUDE DES MOMENTS

Ich hab großen Dusel gehabt
und bin jetzt das ständige Hoffen satt.
Freue mich über das, was ist,
damit die Freude
die Schönheit des Moments nicht vergisst.

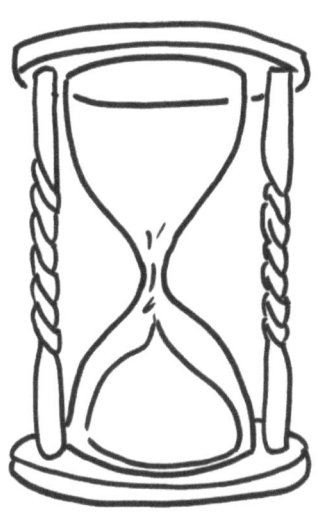

BRAUSEPULVER

Alles kann ich schaffen,
für nichts bin ich zu klein,
bin im Herzen rein,
werd immer glücklich sein,
mir eine neue Welt ausmalen
und in Brausepulver baden.
So ziehen meine Jahre wie Schäfchenwolken dahin
und geben meinem Leben seinen Sinn,
die Fröhlichkeit ist mittendrin,
so ist das Leben mein Gewinn.

DAS BIN ICH MIR WERT

Was du wohl sagst,
wenn ich nichts mehr frag?
Was du wohl denkst,
wenn ich neue Wege lenk?
Was du wohl machst,
wenn ich über alles lach?
Ob du es je merkst,
es wär nicht verkehrt,
doch ich leb weiter unbeschwert,
denn das bin ich mir wert.

LEBEN OHNE GRENZEN

Das Beste aus allem machen,
viel im Leben lachen,
mit Fröhlichkeit tanzen gehen,
alle Wunder ganz verstehen.
Endlich was riskieren
auch auf allen vieren,
sich nicht mehr selbst ausbremsen
und leben ohne Grenzen.
Das Leben schön dekorieren
und das eigene Sein verzieren.

BUNTSTIFTE

Ich selbst hab die Buntstifte,
um mir das Leben zu erklären,
und das Steuer in der Hand,
so fahr ich Richtung unbekannt,
bin von der Landschaft ganz gebannt,
hab mich in mir selbst erkannt.
Kann die Schönheit der Welt erblicken,
mir selbst in den Hintern zwicken,
um vom Träumen aufzuwachen,
gibt es doch in der Realität die schönsten Sachen,
man muss sie nur einfach machen.

ERKENNTNISSE DES ERSTEN STREICHS ...

SUCHE die Wünsche in Deiner Seelenmitte. Denn hier kommt meine Bitte: Schreib all Deine Wünsche nieder, dann kommen sie als Zukunftsmöglichkeiten für Dich wieder.

. . . .
. . . .
. . . .
. . . .
. . . .
. . . .
. . . .
. . . .
. . . .
. . . .
. . . .
. . . .
. . . .
. . . .
. . . .
. . . .
. . . .
. . . .
. . . .
. . . .
. . . .

· ·
· ·
· ·
· ·
· ·
· ·
· ·
· ·
· ·
· ·
· ·
· ·
· ·
· ·
· ·
· ·
· ·
· ·
· ·
· ·
· ·
· ·
· ·

ZWEITER STREICH ...

Wenn Du weißt, wie es in der Mitte Deiner Seele aussieht, werden Dir immer wieder neue Wunder begegnen.

GENIESSE JEDEN AUGENBLICK IN DEINEM LEBEN, DENN ES WIRD IHN NUR EINMAL GEBEN.

Mit **Zuversicht im Herzen** ist man frei wie ein **Vogel im Wind** und kann durch die **Reparatur der Mitte** wieder **Klarsehen**.

Selbst ein **Versehensflirt** kann der eigenen **Lebensgeschichte** nichts mehr anhaben, denn **Auf das Leben ist Verlass**.

Jetzt, wo das **Feingefühl** im **Original Ganz oben auf der Leiter** das Sein meistert, ist alle Traurigkeit **Aus dem Leben raus**.

Ein Kunterbunt ist nie schwarz-weiß ist die neue Überschrift des Lebens.

ZUVERSICHT IM HERZEN

Mit Zuversicht im Herzen
in einer großen Welt zuhaus
will meine Seele ins Leben raus.
Will lachen, tanzen, Späße machen,
alle herrlichen Sachen.
So wird das Leben zu meinem Fest,
ich geb gekonnt meinen Problemen den Rest
und wünsche meinen Sorgen die Pest.

VOGEL IM WIND

Wie ein Vogel im Wind
und ein Fisch im Meer
braucht mein Herz die Weite sehr.
Will sich nicht einfangen lassen,
ist immer unterwegs in den Weltengassen.
So wird sein Kunterbunt nie verblassen
und ich kann mich zum Regenbogen treiben lassen.

REPARATUR DER MITTE

Kein Kontakt, bitte,
war eine große Herausforderung für meine Mitte,
so viel Schritte, alles Fehltritte.
So viel Höhe und Tiefe in meiner Mitte,
doch am Ende nur Fehltritte für die Herzmitte.
Ich werde akzeptieren,
ich muss es nicht kapieren,
nur meine Mitte reparieren.

KLARSEHEN

Wenn der Groschen fällt,
die Hoffnung zerschellt,
man das Klarsehen anfängt
und der Verlust im Herzen brennt,
wird doch durch das alles Wärme entstehen,
das Wahrsehen beginnen
und die Dummheit aus meinem Herzen rinnen.
So werde ich mich selbst neu beginnen
und aufhören zu spinnen,
ganz in mir drinnen,
einfach mein Leben neu beginnen.

VERSEHENSFLIRT

Was ich sagen will,
hat dich nicht interessiert,
das hat meine Seele sehr verwirrt,
hat sie sich so sehr geirrt?
Was ist mir durchs Herz geschwirrt?
Ich glaub, es war ein Versehensflirt.

47

48

LEBENSGESCHICHTE

Im Rückspiegel betrachtet zu fragen,
war es das wert, ist verkehrt.
Denn nur dadurch, dass es war, bist Du jetzt da.
Mit all deinen wundervollen Geschichten,
die dir den Sinn des Lebens richten,
brauchst du auf nichts mehr zu verzichten.

AUF DAS LEBEN IST VERLASS

Auf das Leben ist Verlass,
es hat so viel zu geben,
wenn wir es wollen erleben.
Lasst uns für alles offen sein,
dann kommt auch ein wenig Unsinn rein
und den braucht man zum Glücklichsein,
denn er macht uns das Leben fein.

FEINGEFÜHL

Zum Entlasten meiner Laster
brauch ich keinen Zaster,
nur ein bisschen Feingefühl
für des Lebens kirres Spiel,
dann bekomm ich auch nicht zu viel
und erreiche stets mein Ziel.

ORIGINAL

Ich hab mein Original nicht gegen eine Kopie getauscht,
bin weiter von meinem Leben berauscht,
werde meine Wünsche nie aufgeben,
sie helfen mir zu leben.
Denn was ist ein Leben,
wenn man es nicht lebt,
und was sind Jahre,
wenn man sie nur zählt?
Davon fühlt man sich auf Dauer nur gequält,
das hab ich mir anders ausgewählt.
Ich werde meiner Seele vertrauen
und mir mein eigenes Leben aufbauen.

GANZ OBEN AUF DER LEITER

Heute bin ich einen Schritt weiter
und schon ganz oben auf der Leiter,
das macht mich heiter
und ich will immer weiter.
So werd ich Richtung Sonne tanzen,
ohne Schranken
meine Tage genießen,
ich seh schon überall Wunder sprießen,
so wird die Freude durch mein Leben fließen.

AUS DEM LEBEN RAUS

Ich beneide dich nicht,
da dein Herz nicht mit mir spricht
und du alle Versprechen brichst.
Da ist nur ein Loch,
ein riesengroßes AUS,
denn du bist jetzt aus meinem Leben raus.

EIN KUNTERBUNT IST NIE SCHWARZ-WEISS

Komm, spring und flieg,
damit du über die Traurigkeit siegst.
Du bist mehr als nur schwarz und weiß,
ein Kunterbunt im runden Kreis.
Ich will, dass du das über dein Leben weißt.

ERKENNTNISSE DES ZWEITEN STREICHS ...

WAS hast Du alles repariert?

Was hast Du alles losgelassen?

Und auf welchen Versehensflirt hättest Du im Nachhinein gerne verzichtet?

Schreibe es hier nieder, dann bringt das Leben Dir nur neue Lieder und alles Negative kommt nicht wieder.

. . . .

. . . .

. . . .

. . . .

. . . .

. . . .

. . . .

. . . .

. . . .

. . . .

. . . .

Im Rückspiegel betrachtet ...

. . . .

. . . .

. . . .

. . . .

. . . .

. . . .

. . . .

DRITTER STREICH ...

Erkenn, wie bunt Dein Leben ist, und spür Dein Feingefühl im Original, dann wird alles ganz genial.

ERKENN SO, WER DU WIRKLICH BIST,
EHE DICH DIE ZEIT VERGISST.

Du wirst **Vom Glück verfolgt** und in Dir allein liegt die **Wende**, alle **Spaßbremsen** dieser Welt können Dir die **Freude im Leben** nicht nehmen.

Der anderen Unsinn ist Dein **Einhorn am Horizont.**

Alles, was zu dir gehört, wird für immer bleiben. Genieße den **Rausch** beim **Seiltanz** und lass es **Luftschlangen** regnen.

Für die Phantasie ist's nie zu spät, also sei **Verliebt in das Leben.**

VOM GLÜCK VERFOLGT

Es ist leichter, wenn man nicht an Negatives denkt,
leichter, wenn man sich wieder selbst erkennt,
sich nicht mehr in Dramen verrennt
und sich dadurch nur selbst einengt.
So werde ich schon bald wieder vom Glück verfolgt
und mein Leben ist aus purem Gold.

61

WENDE

Und jetzt ´nen Regenbogen,
dann wird sich die neue Sicht lohnen.
Im warmen Regen tanzen,
das Leben lacht, und ich versteh,
dass es von hier an besser geht,
so wird die Erde mein Planet,
was hat das Leben sich gedreht.

SPASSBREMSEN

Es gibt nichts zu verlieren,
man muss nicht alles akzeptieren,
darf nicht nur in den Rückspiegel schauen,
sich das Schöne im Leben versauen.
Man kann die Freude nicht bei den Spaßbremsen klaun.
Wenn du weißt, was du willst,
dann verschieb es nicht auf morgen,
vergiss die Sorgen,
ich werde dir genug Hoffnung borgen,
damit können wir die ganze Welt versorgen.

FREUDE IM LEBEN

Ich bin glücklich,
hab so viel erkannt,
mein Einhorn kennengelernt,
mich nicht von meiner Seele entfernt,
so hab ich die Freude am Leben gelernt.

DER ANDEREN UNSINN

Noch etwas verwackelt,
guckt meine Seele ganz verdackelt.
Blinzelt sacht in Richtung Sonnenschein,
weiß genau,
sie hatte Schwein,
lässt ab jetzt der anderen Unsinn sein,
so kommt die Freude ins eigene Leben rein!

EINHORN AM HORIZONT

Alte Zöpfe abschneiden,
nicht länger in der Trübsal verweilen,
neue Möglichkeiten erkennen
und sich nicht länger die Finger verbrennen.
Das Glück im Leben benennen
und sich nicht in Märchen verrennen,
das Einhorn am Horizont erkennen
und sich niemals von den Wundern seiner Seele trennen.

ALLES,
WAS ZU DIR GEHÖRT

Alles, was zu dir gehört,
läuft nie weg,
denn die Leichtigkeit ist in ihm versteckt.
So ist der Sinn des Lebens korrekt,
wenn dich keine Schwere neckt.

RAUSCH

Ich will raus in den Rausch
und gekonnt von dannen schweben,
will endlich wieder was erleben,
nicht länger an alten Hoffnungen kleben,
sondern mir fliegende Teppiche aus neuen Träumen weben,
so entsteht das schöne Leben.

SEILTANZ

In mir spielt es wieder Krieg,
es gibt noch lange keinen Sieg,
der Zweifel übt sich beim Seiltanz
und schreit ganz laut:
Ich kann´s!

LUFTSCHLANGEN

Hier kommt keiner lebend raus,
also mach das Beste draus.
Wirf mit Glitzer um dich
und lass die Luftschlangen fliegen,
dann kannst du das Böse im Leben besiegen
und wirst alles mit Humor hinkriegen.

FÜR DIE PHANTASIE IST'S NIE ZU SPÄT

Lang genug nur ein Thema gehabt,
lang genug hielt es mich auf Trab.
Jetzt hat meine Seele Ruh
und nutzt den freien Raum im Nu
mit ganz viel Kreativität,
denn für die Phantasie ist's nie zu spät.

VERLIEBT IN DAS LEBEN

Schön, dass du mich fragst,
nein, jetzt will ich nicht mehr zurück.
Bin auf dem Weg,
auf dem es keinen Rückweg gibt.
Bin nicht verliebt, nur in das Leben,
denn es wird mir alles Schöne geben
und so lerne ich wieder zu schweben,
auf meinen neuen Wegen.

ERKENNTNISSE DES DRITTEN STREICHS ...

WAS sind Deine Einhörner am Horizont? Nenne hier ihre Namen.
Der anderen Unsinn, was ist das für Dich?
Nutze dieses Stück Papier, denn für Deine Phantasie sind diese Zeilen hier.

. . . .
. . . .
. . . .
. . . .
. . . .
. . . .
. . . .
. . . .
. . . .
. . . .
. . . .
. . . .
. . . .
. . . .
. . . .
. . . .
. . . .
. . . .
. . . .
. . . .
. . . .
. . . .

VIERTER STREICH ...

Jetzt, wo Du erkannt hast, dass die Vorstellungskraft immer über die Willenskraft siegt, wirst Du sie nutzen, die endlos vielen Möglichkeiten Deiner Phantasie.

SEI VERLIEBT IN DAS LEBEN, ES WIRD DIR SO VIEL ZURÜCKGEBEN, DU MUSST ES NUR LEBEN.

In kurzer Zeit hast Du nun Deine Selbstrettung aktiviert und die Leichtigkeit des Glücks gespürt.

Des Lebens kleine Wunder sind der Hauptgewinn Deiner Daseinsfreude.

Ab heute bin ich Voll dabei Für alles, was mir wichtig ist ... und werde meine Seele ins Haus mit Meerblick einziehen lassen, damit sie alle Sternschnuppen des Himmels sehen kann.

So hat der Sieg der Vorstellungskraft meine eignen Wunder erschaffen.

IN KURZER ZEIT

Das war jetzt viel in kurzer Zeit,
plötzlich ist alles ganz weit
und ich bin für Neues bereit.
Seh mir selbst wieder ähnlich
und nichts mehr ist gewöhnlich.
Es ist meine Stille der Gefühle,
die ich jetzt verspüre.
Ich kann selbst sehen,
wie ich glühe
und mich gut dabei fühle!

SELBSTRETTUNG

Es hat mich viel Energie gekostet,
neue Ideen sind eingerostet,
da mein Blick in die falsche Richtung ging,
für all das gab es keinen Sinn,
da ich in mir selbst festhing.
Meine ganze Energie leerlief
und mein Herz sich heiser rief.
Doch jetzt rette ich mich selbst,
so werde ich nicht mehr innerlich verbrennen,
meine Wunder neu benennen
und das Glück meines Lebens erkennen.

LEICHTIGKEIT
DES GLÜCKS

In der Leichtigkeit des Glücks
alles Schöne kommt zu dir zurück.
Die Freude, sie verscheucht das Leid,
komm und sei dazu bereit,
so lacht für dich der Augenblick
und der Moment ist ganz verzückt
für ein Leben voller Glück.

DES LEBENS
KLEINE WUNDER

Alles auf Anfang,
hab heute mein Reset gedrückt
und fühl mich nicht mehr gebückt.
Kann so viel Neues erkennen
und wieder in Farbe sehen,
des Lebens kleine Wunder verstehen
und hoffe, sie werden nicht vergehen.
So werd ich mein eigener neuer Anfang sein,
in meiner Seele geschlossen und nicht mehr klein.

HAUPTGEWINN

Ich hab nichts mehr zu sagen,
ich will auch nichts mehr fragen.
Hätte nie geglaubt, mal so weit zu kommen,
bin von der Situation selbst ganz benommen,
doch im Grunde hab ich mein Leben wiedergewonnen.

DASEINSFREUDE

Das einfach DA ist wunderbar,
das Leben im Moment,
der Gedankenwelt so fremd.
Jeden Augenblick genießen,
ein Durch-das-Leben-Fließen.
So freu ich mich, DA zu sein,
meiner Seele nah zu sein,
so kommt nur Glück ins Leben rein.

VOLL DABEI

Endlich ist´s aus meinem Kopf,
hatte es doch meinen Geist verstopft.
Jetzt bin ich froh und so frei,
endlich wieder voll dabei!

FÜR ALLES,
WAS MIR WICHTIG IST ...

Für alles, was mir wichtig ist,
werde ich kämpfen,
da kenn ich keine Grenzen.
Werde nur auf meine Seele hören
und lasse mich dabei nicht stören.
Werde meinen Träumen die Treue halten
und mein Leben neu gestalten.

HAUS MIT MEERBLICK

Dir nachzutrauern, macht keinen Sinn,
wärst du für mein Leben doch kein Gewinn.
Unsere Freundschaft ist dahin,
doch im Leben bin ich mittendrin.
Deshalb werd ich nicht mehr nach dir suchen,
dich noch nicht einmal verfluchen,
sondern mir ein Haus mit Meerblick buchen.

STERNSCHNUPPEN

Ich seh mich in all meinen Farben,
seh mich mit all meinen Narben,
seh meine Vergangenheit
und meine Zukunft seh ich auch,
mittendrin ist ganz viel Rauch
von all den Wünschen, die verglühen
und wie Sternschnuppen von dannen ziehen.

SIEG DER VORSTELLUNGSKRAFT

Die Vorstellungskraft steht über der Willenskraft,
so hat die Energie deiner Phantasie noch alles geschafft.
Du musst nur dein Unterbewusstsein um Hilfe bitten,
dann entsteht alles aus der Seelenmitte.
In dir selbst schläft diese Kraft,
die aus allem Wunder schafft.
Mit der Macht der Energie,
vergeht so die Vorstellungskraft nie,
aus diesem Grunde nutze sie,
sie ist deines Lebens schönste Melodie.

ERKENNTNISSE DES VIERTEN STREICHS ...

WANN hat Deine Vorstellungskraft bereits schon mal ein Wunder erschaffen?
Notiere sie Dir hier alle auf, dann wird ein großes Glück daraus.

. . . .
. . . .
. . . .
. . . .
. . . .
. . . .
. . . .
. . . .
. . . .
. . . .
. . . .
. . . .
. . . .
. . . .
. . . .
. . . .
. . . .
. . . .
. . . .
. . . .
. . . .

WUNSCHZETTEL

. . . .
. . . .
. . . .
. . . .
. . . .
. . . .
. . . .
. . . .
. . . .
. . . .
. . . .
. . . .
. . . .
. . . .
. . . .
. . . .
. . . .
. . . .
. . . .
. . . .
. . . .
. . . .
. . . .
. . . .
. . . .
. . . .
. . . .

SCHLUSSHOFFNUNG

Ich hoffe,
dass dieses Büchlein Dir gezeigt hat,
wie unendlich groß der Einfluss
der Vorstellungskraft für Dein Leben ist,
und Du bereit sein solltest, um die Dinge,
die Dir im Leben wichtig sind, zu kämpfen.
Ich wünsche mir,
dass Du immer genug Energie hast,
um die Wunder in Deinem Leben zu erkennen
und alle positiven Zukunftsmöglichkeiten zu nutzen.
Bis bald,
dort tief im Süden Deines Herzens,
wo Deine Unverwechselbarkeit
Deinen eigenen Stil erschafft.

Wundertütenpoet

Besuche mich auf

www.wundertuetenpoet.de